Soñadores

Yuyi Morales

Traducción de Teresa Mlawer

NEAL PORTER BOOKS

HOLIDAY HOUSE / NEW YORK

Soñé contigo,
y llegaste.
Juntos, ahora, éramos

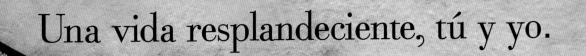

Amor-
Love-
Amor.

Una vida resplandeciente, tú y yo.

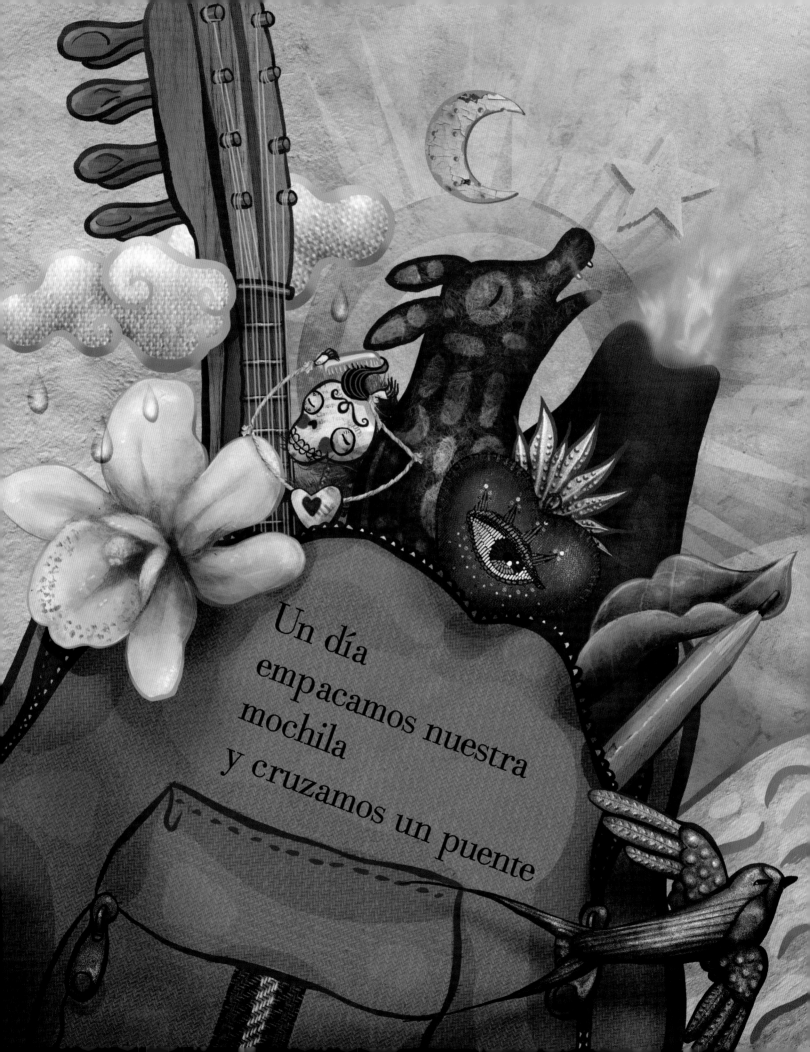

Un día
empacamos nuestra
mochila
y cruzamos un puente

tan extenso como el universo,
llevando con nosotros nuestros regalos.

Adiós Corazón

Y cuando llegamos
al otro lado,
sedientos, sobrecogidos,

sin poder volver atrás,
nos convertimos en inmigrantes.

Migrantes,
tú y yo.

La tierra y el cielo
nos recibieron con palabras
diferentes
a las de nuestros ancestros.

Había tantas cosas
que desconocíamos…
Sin poder entender,
y con miedo a hablar,

cometimos muchos errores.

Tú y yo,
ahora caminantes.

Miles y miles de pasos
dimos por esta tierra
hasta el día en que encontramos . . .

un lugar que nunca antes
habíamos visto.

Misterioso.

Fantástico.

Increíble.

Sorprendente.

Inimaginable.

Donde no necesitábamos hablar, solo

confiar

¡Y eso hicimos!

Los libros se convirtieron
en nuestra lengua.
Los libros se convirtieron
en nuestro hogar.
Los libros se convirtieron
en nuestra vida.

Y tú y yo
aprendimos
a leer,

a hablar,

a escribir,

y
a hacer
oír nuestras voces.

Algún día llegaremos a ser
algo que aún ni siquiera
nos imaginamos.

Pero, por ahora...

Somos historias.
Somos dos lenguas.
Somos lucha.
Somos tenacidad.
Somos esperanza.

Somos soñadores,
soñadores del mundo.

Somos

Love Amor
Love

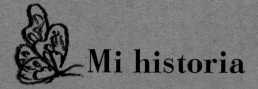

Mi historia

Cada uno de nosotros tenemos una historia. *Esta* historia comenzó en 1994, cuando crucé un puente con Kelly, mi hijo de dos meses, de Ciudad Juárez, México, a El Paso, Texas, y, aunque no lo sabía entonces, lo hice para empezar una nueva vida en un lugar extraño y desconocido, los Estados Unidos de América. Una vez aquí, me sorprendió el silencio de las calles, las casas cuidadosamente alineadas a lo largo de los senderos y, más adelante, los vientos fríos de la Bahía de San Francisco en verano. Había traído a mi hijo para que conociera a su bisabuelo Ernie, que estaba muy enfermo, y que no se esperaba viviera mucho tiempo, y para casarme con el papá de Kelly, que era ciudadano de Estados Unidos. Pensaba regresar a México pronto, pero me sorprendió enterarme de que, debido a las regulaciones de inmigración de Estados Unidos y a mi estatus como residente permanente, tenía que quedarme en Estados Unidos. Me había convertido en inmigrante. Pero ¿sería capaz algún día de pensar en este nuevo país como mi hogar?

Como la mayoría de los inmigrantes, añoraba muchas cosas: mi familia, la comida, mis amigos, mi trabajo como entrenadora profesional de natación y la habilidad de poder comunicarme en una lengua que entendía y en la que me entendían. En este nuevo lugar, donde no podía comunicarme, era como si pasara inadvertida, como si mis palabras y acciones no contaran. Durante esos primeros días, me preguntaba constantemente si llegaría a encontrar un lugar donde pudiera sentirme valorada.

Entonces un día, la abuela de Kelly nos llevó a un edificio que cambiaría para siempre nuestras vidas. Habíamos descubierto la biblioteca pública, y era algo ¡ESPECTACULAR! Nunca había estado en un lugar donde podías sacar libros de las estanterías sin pedir permiso o sin que te llamaran la atención. Y, por primera vez en mi vida, conocí los *álbumes ilustrados*. No podía creer lo bonitos que eran y lo bien encuadernados que estaban esos libros, y cuando los abrí por primera vez, me maravilló el poder de sus ilustraciones. A pesar de que solo entendía algunas palabras, me di cuenta de que era capaz de comprender la historia a través de las imágenes, algo que más adelante me serviría de inspiración. Comencé a llevar a Kelly allí casi todos los días, y aunque al principio fue difícil que un niño tan pequeño se mantuviera quieto poco más de unos minutos, con el tiempo llegamos a pasar tardes enteras pasando las páginas de los álbumes ilustrados, con frecuencia yéndonos cuando nos avisaban de que la biblioteca iba a cerrar. Habíamos encontrado un hogar.

A medida que Kelly crecía, los bibliotecarios y las bibliotecarias de las sucursales Western Addition, Richmond, Presidio y de la Misión, así como los de la Biblioteca Principal de San Francisco, en la calle Larkin, entre muchos otros, nos ayudaron a Kelly y a mí a encontrar libros maravillosos, pero escritos en un idioma que me resultaba difícil de leer. Un día, Nancy Jackson, la bibliotecaria a cargo de la sección infantil de la biblioteca Western Addition, le dio a Kelly, con menos de dos años en aquel entonces, su propio carné de biblioteca. ¡Yo estaba maravillada! Ahora podíamos llevarnos a casa la carriola de Kelly llena de libros.

Una de las cosas más importantes que aprendí en la biblioteca es que a través de los libros podemos encontrar nuestro camino y nuestro propósito. También me di cuenta de que me encantaba contar historias, y de que podía hacerlo a través de los libros.  Me dediqué a estudiar con detenimiento los libros que más me gustaban, y decidí que yo también escribiría los míos propios. Mis primeros intentos fueron simples y rudimentarios, muchos hechos a mano, encuadernados con cintas y llenos de mis historias y dibujos. ¡Estaba tan orgullosa de esos libros...!

Kelly no era un *dreamer* en el sentido que tiene hoy día para referirse a los jóvenes inmigrantes indocumentados que fueron traídos a Estados Unidos siendo niños, y que han vivido y asistido a las escuelas aquí y no conocen más país que este. Kelly y yo éramos «soñadores» en el sentido de que todos los inmigrantes, por diferentes razones, llegan a un nuevo país con el sueño y la esperanza de que esos regalos que traemos con nosotros y que son parte de nuestra herencia cultural sirvan para construir un futuro mejor. **_Dreamers_ y soñadores del mundo, migrantes soñadores.**

Ya te he contado mi historia. ¿Cuál es la tuya?

Yuyi

Libros que me han inspirado (y me siguen inspirando)

Ada, Alma Flor. *Under the Royal Palms*. New York: Atheneum, 1998.

Aliki. *Manners*. New York: Greenwillow Books, 1990.

Anzaldúa, Gloria, illustrated by Maya Christina Gonzalez. *Prietita and the Ghost Woman / Prietita y la Llorona*. Bilingual edition. San Francisco: Children's Book Press, 2001.

Argueta, Jorge, illustrated by Elizabeth Gómez. *A Movie in My Pillow / Una película en mi almohada*. Bilingual edition. San Francisco: Children's Book Press, 2001.

Burningham, John. *Granpa*. New York: Crown, 1984.

Burningham, John. *John Patrick Norman McHennessy: The Boy Who Was Always Late*. New York: Crown, 1987.

Byars, Betsy, illustrated by Marc Simont. *My Brother, Ant*. New York: Viking, 1996.

Cisneros, Sandra. *Woman Hollering Creek and Other Stories*. New York: Random House, 1991. Cover painting by Nivia Gonzales.

Crews, Donald. *Freight Train*. New York: Greenwillow Books, 1978.

Crews, Donald. *Shortcut*. New York: Greenwillow Books, 1992.

Curtis, Christopher Paul. *The Watsons Go to Birmingham—1963*. New York: Delacorte Press, 1995.

Engle, Margarita, illustrated by Sean Qualls. *The Poet Slave of Cuba: A Biography of Juan Francisco Manzano*. New York: Henry Holt and Company, 2006.

Gantos, Jack. *Joey Pigza Loses Control*. New York: Farrar, Straus and Giroux, 2000. Jacket art by Beata Szpura.

Garza, Carmen Lomas. *In My Family / En mi familia*. Bilingual edition. San Francisco: Children's Book Press, 2000.

Harris, Robie H., illustrated by Michael Emberley. *It's Perfectly Normal: Changing Bodies, Growing Up, Sex, and Sexual Health*. 4th ed. Somerville, MA: Candlewick, 2014.

Herrera, Juan Felipe, illustrated by Elly Simmons. *Calling the Doves / El canto de las palomas*. Bilingual edition. San Francisco: Children's Book Press, 1995.

Herrera, Juan Felipe, illustrated by Elizabeth Gómez. *The Upside Down Boy / El niño de cabeza*. Bilingual edition. San Francisco: Children's Book Press, 2000.

Hopkins, Lee Bennet, illustrated by Charlene Rendeiro. *Been to Yesterdays: Poems of a Life*. Honesdale, PA: Boyds Mills Press, 1995.

Jiménez, Francisco. *The Circuit: Stories from the Life of a Migrant Child*. Albuquerque: University of New Mexico Press, 1997.

Kalman, Maira. *What Pete Ate from A to Z*. New York: G. P. Putnam's Sons, 2001.

Kasza, Keiko. *A Mother for Choco*. New York: G. P. Putnam's Sons, 1992.

Moss, Lloyd, illustrated by Marjorie Priceman. *Zin! Zin! Zin! A Violin*. New York: Simon & Schuster, 1995.

Nye, Naomi Shihab, illustrated by Nancy Carpenter. *Sitti's Secrets*. New York: Simon & Schuster, 1994.

Nye, Naomi Shihab. *The Tree Is Older Than You Are: A Bilingual Gathering of Poems & Stories from Mexico*. New York: Simon & Schuster, 1995. Jacket art by Leticia Tarragó.

Priceman, Marjorie. *Emeline at the Circus*. New York: Alfred A. Knopf, 1999.

Rabinowitz, Alan, illustrated by Catia Chien. *A Boy and a Jaguar*. Boston: Houghton Mifflin Harcourt, 2014.

Rappaport, Doreen, illustrated by Shane W. Evans. *No More!: Stories and Songs of Slave Resistance*. Somerville, MA: Candlewick Press, 2001.

Rathmann, Peggy. *Officer Buckle & Gloria*. New York: G.P. Putnam's Sons, 1995.

Robertson, David Alexander, illustrated by Julie Flett. *When We Were Alone*. Winnipeg: HighWater Press, 2017.

Sáenz, Benjamin Alire, illustrated by Esau Andrade Valencia. *A Perfect Season for Dreaming / Un tiempo perfecto para soñar*. Bilingual edition. El Paso, TX: Cinco Puntos Press, 2008.

Santiago, Chiori, illustrated by Judith Lowry. *Home to Medicine Mountain*. San Francisco: Children's Book Press, 1998.

Shannon, David. *No, David!* New York: Scholastic, 1998.

Sharmat, Marjorie Weinman, illustrated by Marc Simont. *Nate the Great.* New York: Coward-McCann, 1972.

Simont, Marc. *The Stray Dog.* New York: HarperCollins, 2001.

Sís, Peter. *A Small Tall Tale from the Far Far North.* New York: Alfred A. Knopf, 1993.

Sís, Peter. *Madlenka's Dog.* New York: Farrar, Straus and Giroux, 2002.

Soto, Gary. *Baseball in April and Other Stories.* San Diego: Harcourt, 1990. Cover illustration by Barry Root.

Soto, Gary, illustrated by Susan Guevara. *Chato's Kitchen.* New York: Putnam, 1995.

Steig, William. *Amos & Boris.* New York: Farrar, Straus and Giroux, 1971.

Steig, William. *Doctor De Soto.* New York: Farrar, Straus and Giroux, 1982.

Steptoe, John. *Stevie.* New York: Harper and Row, 1969.

Stevenson, James. *The Mud Flat Olympics.* New York: Greenwillow Books, 1994.

Tan, Shaun. *The Arrival.* New York: Arthur A. Levine / Scholastic: 2007.

Teague, Mark. *Dear Mrs. LaRue.* New York: Scholastic, 2002.

Van Draanen, Wendelin. *Sammy Keyes and the Hotel Thief.* New York: Alfred A. Knopf, 1998. Jacket art by Dan Yaccarino.

Whybrow, Ian, illustrated by Tony Ross. *Little Wolf's Book of Badness.* Minneapolis: Carolrhoda Books, 1999.

Young, Ed. *Lon Po Po: A Red-Riding Hood Story from China.* New York: Philomel, 1989.

Yumoto, Kazumi. *The Friends.* Translated by Cathy Hirano. New York: Farrar, Straus and Giroux, 1996. Jacket art by Tatsuro Kiuchi.

La información de esta publicación se refiere a la primer edición de Estados Unidos, a no ser que se indique lo contrario. Subsequentes ediciones pueden estar disponibles en otras editoriales.

A todos los Soñadores, especialmente a los que han llevado consigo sus preciosos regalos a una nueva tierra: tú eres la inspiración de este libro.

Cómo hice este libro

Utilicé pinturas acrílicas y dibujé en papel con tinta, pinceles y una pluma fuente que había pertenecido a Maurice Sendak y que me regaló Lynn Caponera. Para darle vida al libro, fotografié y escaneé muchas cosas, entre ellas: el piso de mi estudio • el comal donde hago mis quesadillas • los dibujos que hice de niña que mi madre guardó • una silla • un ladrillo de mi casa • paredes viejas en las calles de Malinalco, mi ciudad natal de Xalapa, y mi casa • una lámina de metal • telas tradicionales de México • cartulina, papel amate y papel crepé • hojas y plantas de mi jardín • una vieja blusa bordada • pantalones pintados a mano que hice para mi hijo Kelly • madera vieja • agua en una cubeta • hilo de yute • una falda tradicional de Chiapas • dibujos que Kelly hizo de niño • mi primer libro hecho a mano • bordados • y muchas cosas más.

Neal Porter Books

Text and illustrations copyright © 2018 by Yuyi Morales
Spanish translation by Teresa Mlawer
Spanish translation copyright © 2018 by Holiday House Publishing, Inc.
All Rights Reserved
HOLIDAY HOUSE is registered in the U.S. Patent and Trademark Office.
Printed and bound in June 2021 at Toppan Leefung, Dong Guan City, China.
www.holidayhouse.com
First Edition
10   9

Library of Congress Cataloging-in-Publication Data is available.

This title won the 2019 Pura Belpré Illustrator Award Medal for the U.S. English edition published by Neal Porter Books, Holiday House Publishing, Inc. in the previous year in 2018. The award seal image is used with permission of the American Library Association.

ISBN: 978-0-8234-4258-4 (hardcover)
ISBN: 978-0-8234-4673-5 (paperback)